D1662515

WATTENSCHEID

Ein Jahrhundertüberblick

Fotos: Manfred Vollmer
Text: Rudolf Wantoch & Björdis Derksen

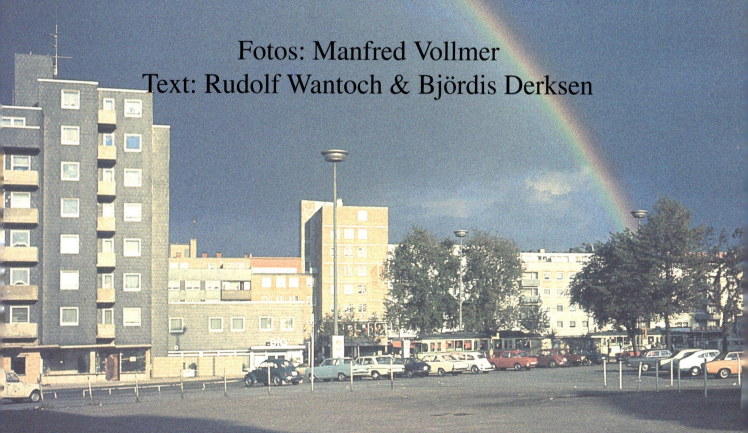

St. Gertrud zierte einst „Old Wattsche"

An einem der ältesten Wattenscheider Häuser, am Haus der Oststraße 20 befand sich das Schild über dem Eingang zur Gaststätte „Old Wattsche", vielen alten Wattenscheidern noch als beliebtes Tanzlokal in den 50er und 60er Jahren bestens bekannt. Das Bild zeigt die Wattenscheider Schutzpatronin St. Gertrud mit dem Wattenscheider Stadtwappen.

Im Jahre 1927 stattete Malermeister A. Bomers die Gaststätte mit Wattenscheider Motiven aus. Schreinermeister Mutz besorgte die Schreinerarbeiten. Bei dieser Gelegenheit ist auch das Schild entstanden. Beim Abbruch des Hauses 1970 sicherte Josef Klein dieses Schild, Dr. Gerd Moor restaurierte es in liebevoller Kleinarbeit und schenkte es dem Marien-Hospital Wattenscheid im Jahre 2002. Dort hängt es im Treppenaufgang und ist nun vor Witterungseinflüssen geschützt.

Oft wurde gerade von älteren Mitbürgern der Wunsch geäußert, einen Bildband von Wattenscheid zu erstellen, in dem gegenwärtige Stadt- und Straßenansichten den alten und vergangenen Ansichten gegenübergestellt werden. Nachdem Bildmaterial aus einer der umfangreichsten privaten Ansichtskartensammlung Wattenscheids zur Verfügung stand, konnte dieses Vorhaben nun in die Tat umgesetzt werden. Es war nicht immer einfach die richtige Auswahl zu treffen, da sich oftmals ein Straßenbild vollkommen verändert hat oder der damalige Standort des Fotografen heute überhaupt nicht mehr vorhanden ist.

Das Stadtbild Wattenscheids hat sich im Laufe eines Jahrhunderts sehr verändert und oft nicht zum Vorteil. Zwei Weltkriege haben ihre tiefen Spuren hinterlassen, doch sie sind vernarbt. Die gravierendste Veränderung hat die Kohle- und Stahlkrise in den Jahren 1970 bis 1990 und die damit verbundene Umstrukturierung des gesamten Ruhrgebiets verursacht.

Franz-Werner Bröker hat vor etwa 40 Jahren in einer Serie „Wattenscheid – gestern und heute" in der Westdeutschen Allgemeinen Zeitung, Ausgabe Wattenscheid einen Vergleich vorgenommen, auch diese Bilder sind schon seit langer Zeit historisch.

Möge die jüngere Generation sich selbst ein Bild von ihrer ehemaligen „Stadt Wattenscheid" machen und feststellen, dass in diesem schönen Stück Ruhrgebiet früher doch nicht alles so schlecht war.

Wattenscheid, im Herbst 2003

Rudolf Wantoch
Björdis Derksen

Wattenscheid: Totalansicht

Wattenscheid um 1930. Von der Halde der Zeche Holland aus ist der alte Stadtkern gut sichtbar. Rechts erkennt man die Kirchenburg mit der Gertrudiskirche, links den hellen Giebel der alten evangelischen Kirche, während am Horizont bereits die 1880 eingeweihte Friedenskirche zu sehen ist. Das Gelände des alten Brinkhofes zwischen Gertrudiskirche und der kleinen evangelischen Kirche, der „Brinkhove", wird urkundlich 1491 erstmalig erwähnt. Damit zählt der Hof zu den ältesten Wattenscheider Höfen – nach Eduard Schulte gilt er sogar als der „älteste Wattenscheider Hof".

Das Foto spiegelt den bereits vollzogenen Wandel der Stadt vom Ackerbaustädtchen zur industriellen Steinkohlenbergbauregion wider, da als Standort für diese Aufnahme die Halde der Zeche Holland ausgewählt wurde.

Im Herbst 1964 werden die Häuser an der Brinkstraße abgerissen und bereits ein Jahr später erhält der Platz durch den Neubau des ehemaligen Horten- und späterhin Rupprecht-Hauses sein neues Gesicht. Mit Errichtung des Kaufhauses und Umgestaltung des Marktplatzes verschwinden nicht nur die Häuser der Brinkstraße, sondern auch die Spielmöglichkeiten für Kinder völlig. Die kleine evangelische Kirche am Markt bleibt bis zum heutigen Tage unverändert, ist jedoch aufgrund der großzügigen Baumbepflanzung nur noch im späten Herbst und Winter deutlich zu erkennen.

Die Aufnahme entstand auf dem Dach des auf dem ehemaligen Zeche Holland-Geländes errichteten Tryp-Hotels und gibt neben der reichlichen Begrünung den Blick frei auf die helle Fassade des heute leerstehenden Kaufhauses direkt neben der Gertrudiskirche, die Häuserfassade am Gertrudisplatz und die Silhouette der Friedenskirche im Hintergrund.

Die Zeche Holland wurde 1855 gegründet, mit Geldern, die vorwiegend von holländischen Geschäftsleuten stammten. Im Jahre 1856 begann die Bergbaugesellschaft Holland mit dem Abteufen der Schächte I und II auf dem zum damaligen Zeitpunkt noch zum Amt Wattenscheid gehörenden Gelände nördlich des Bahnhofs Gelsenkirchen-Wattenscheid auf Ückendorfer Gemeindegebiet bis zu einer Tiefe von 813 m und einer zu dieser Zeit beachtlichen Jahresförderung von 250000t im Jahre 1873. Die erste Kohleförderung erfolgte 1860, wurde jedoch durch unerwartet hohe Wasserzuflüsse erheblich behindert. Die zusätzlichen Kosten verteuerten den Abbau in nicht unerheblichem Maße. Mit dem Abteufen der Schächte III und IV auf Wattenscheider Gebiet wurde erst im Jahre 1873 begonnen. Zudem gehörte die Zeche Holland (Schächte I und II) zu den ersten Ruhrgebietszechen mit Bahnanschluß, was besonders wichtig war. Die Zeche Carolinenglück bei Hamme, deren Gleise direkt am Gelände der Schächte I und II vorbeiführten, hatte 1857 die Erlaubnis erhalten, eine Zechenanschlußbahn bis zum Bahnhof Gelsenkirchen zu legen, was nun der Hollandgesellschaft zu Gute kam.

Die obige Abbildung zeigt uns das heutige Gesicht der im Jahre 1973 endgültig stillgelegten Zeche auf dem heute zu Gelsenkirchen gehörenden Gewerbegebiet „Am Dördelmannshof". Eine große Anzahl an Betrieben ist mittlerweile hier ansässig geworden, ein Rest der ehemaligen Zechengebäude ist bis heute erhalten geblieben.

Bahnhof Ueckendorf-Wattenscheid

Der Bahnhof Ückendorf-Wattenscheid wurde am 01. Januar 1868 eröffnet und zunächst Station Wattenscheid genannt. Die ersten Personenzüge vom Bahnhof Wattenscheid fuhren zur Station nach Altenessen und erfreuten sich äußerster Beliebtheit. „Der Mittagszug war trotz der herrschenden Kälte sehr besetzt und es verschmähten selbst unsere Damen nicht die erste Fahrt mitzumachen", berichtete der Märkische Sprecher am 02. Januar 1868. Im Laufe der nächsten Jahre ist die Bahnstation noch mehrfach umbenannt worden. Am 01. Juli 1879 wurde aus der Station Wattenscheid der Bahnhof Ückendorf-Wattenscheid und 1907 der Bahnhof Gelsenkirchen-Wattenscheid.

Bereits 1882 war der Bahnhof infolge des kolossalen Verkehrs zum Bahnhof erster Klasse erhoben worden und galt somit als bedeutendster Bahnhof des gesamten Reviers der damaligen Zeit.

Seine immense Bedeutung hat der Bahnhof in der heutigen Zeit verloren und ganz deutlich wird an einigen Stellen, dass die Natur sich zurückholt, was der Mensch nicht mehr braucht oder nicht mehr in dem Umfang gebraucht wie zuvor.

Diese fast idyllischen Aufnahmen aus dem Frühjahr 2003 zeigen einen Bahnhof, an dem die Zeit natürlich auch ihre Spuren hinterlassen hat.

8

Das Amtshaus in Westenfeld stellte das Rathaus für die Gemeinden Eppendorf, Günnigfeld, Höntrop, Leithe Munscheid, Sevinghausen und Westenfeld bis zur Zusammenlegung mit Wattenscheid zur Mittelstadt Wattenscheid im Jahre 1926 dar. Bis ca. 1890 genügte der mittlerweile auf 4365 (1822) angewachsenen Einwohnerzahl das kleine Amtshaus auf dem Gelände, auf dem der heutige Saarlandbrunnen steht. Das neue Amtshaus an der Hauptstraße der Gemeinde Westenfeld wurde das spätere Wattenscheider Bauamt. Das alte Amtshaus wurde 1958 beim Durchbruch der Saarlandstraße abgerissen. Die Haltestelle der kommunalen Straßenbahn-Gesellschaft für das Amtshaus befand sich an der Ausweichstelle Wilhelmstraße, heute Steinstraße.

Wattenscheid-Westenfeld   Hauptstrasse m. Amt

Der Märkische Sprecher vom 07. August 1911 berichtet über die feierliche Einweihung des Amtshausneubaus am Samstag, 05. August 1911 und des darauffolgenden abendlichen Festaktes mit einem Festessen im Gemeindegasthaus Westenfeld. „Alles, was Küche und Keller Vortreffliches zu bieten hatte, wurde aufgeboten und zwar Königssuppe, Steinbutt mit Butter und Kartoffeln, Pökelzunge und gekochter Schinken mit Schneidebohnen, junger Hahn mit Kompott und Salat, Eis und Käse."

Die Hauptzierde im Versammlungssaal, ein 32armiger, herrlicher Beleuchtungskörper, war zuvor vom Kunstschmiedemeister Ferdinand Schulte, Steeler Straße 9 extra gefertigt worden.

Die Straße, an der das Amtshaus lag, die sogenannte Hauptstraße, wurde im Laufe der Zeit in Westenfelder Straße umbenannt – die Häuser stehen heute noch und beherbergen zur Zeit die Diensträume des Sozialdienstes Katholischer Männer.

Wattenscheid. Krieger-Ehrenmal

Das Wattenscheider Ehrenmal wurde von arbeitslosen Mitbürgern als Arbeitsbeschaffungsmaßnahme der Stadt Wattenscheid den gefallenen Wattenscheider Söhnen des I. Weltkrieges als würdige Gedenkstätte errichtet. Jedoch schon zur Einweihung des Ehrenmals am 04. August 1934 hatten sich die politischen Verhältnisse im Land grundlegend geändert und das Ehrenmal wurde von den Nationalsozialisten für ihre Gedenkveranstaltungen verwendet bzw. missbraucht.

Im Kriegsjahr 1944 wurde der Park rund um das Ehrenmal zum Getreideacker umfunktioniert. Selbst in der Nachkriegszeit fand der Park noch bis 1950 Verwendung als Gartenland zur Ernährung der Wattenscheider Bevölkerung.

Im Mai 1950 wurde das Gartenland gemäß seiner ursprünglichen Bedeutung wieder zur Grünanlage umgestaltet. Seit mehr als 50 Jahren ist dieser Zustand bis heute erhalten geblieben. Eine kleine Oase der Ruhe und Entspannung ist entstanden und mittendrin das Ehrenmal – heute gedacht als Gedenkstätte der Gefallenen beider Weltkriege und als Mahnmal gegen den Krieg.

Das Bergrevier Wattenscheid in der Wilhelmstraße 5 ist im November 1893 das 13. Bergrevier mit Verlegung des Verwaltungssitzes von Gelsenkirchen nach Wattenscheid. Es umfasst die Bürgermeisterei Wattenscheid und die Ämter Wattenscheid undÜckendorf sowie die Steinkohlebergwerke Engelsburg, Maria Anna und Steinbank, Centrum, Fröhliche Morgensonne, Rheinelbe, Alma und Holland. 1926 wurde die Wilhelmstraße umbenannt in Steinstraße, das Revier zum 01. April 1932 aufgelöst. Nach gründlichem Umbau und Renovierung wurden die Volkshochschule und die Stadtbücherei dort untergebracht. Nachdem auch diese beiden Institutionen bis zum heutigen Tage abermals neue Standorte gefunden haben, befindet sich nun die Musikschule in diesem Gebäude.

Höntrop. An der Mühle.

Die erste Mühle an der Radbecke in Westenfeld, die Baumannsche Mühle, wird nachweislich in der Mutterrolle der Gemeinde Westenfeld 1810 urkundlich erwähnt. Da sie häufig unter Wassermangel litt, wurde sie über Jahre hinweg mit einer Lokomobile, einer aus England stammenden Dampfmaschinenanlage, die allerdings heute nicht mehr gebaut wird, angetrieben, bis die Grubenwässer der Zeche Fröhliche Morgensonne für ausreichend Wasser sorgten. Nach zunehmender Verschmutzung des Teiches und der damit einhergehenden Gefährdung der Westenfelder Bevölkerung wird zunächst 1919 die Mühle stillgelegt und einige Jahre (1925) später auch der Teich verfüllt. Das Mühlengebäude selbst stand noch bis zum September 1962 und wurde dann erst abgerissen, da es dem Ausbau der Westenfelder Straße zur vierspurigen Straße im Wege stand.

Heute erinnern nur noch die beiden Mühlsteine am evangelischen Gemeindezentrum Westenfeld und der Straßenname „Am Mühlenteich" an die alte Wassermühle.

Die Grundsteinlegung zum Kaiserdenkmal in Westenfeld wurde am 16. Mai 1896 feierlich begangen. Die Einweihung fand am 15. August 1896 gleichzeitig mit dem 25-jährigen Stiftungsfestes des Westenfelder Krieger- & Landwehrvereins statt.

Von der ursprünglichen Form ist bis auf den Sockel nicht viel erhalten geblieben. Am Sonntag, dem 03. Oktober 1926 fand die Enthüllungsfeier des neuen Ehrenmales in Westenfeld am gleichen Standort statt, genau an der Kreuzung Westenfelder Straße/Ecke Lohackerstraße direkt vor dem Gebäude des Grundschule Westenfeld. Eine Platte dient als Erinnerungstafel für die im 1. Weltkrieg gefallenen Soldaten.

Nicht nur an Gebäuden, Straßen und Denkmälern hat die Zeit ihre Spuren hinterlassen – auch Traditionen und Gewohnheiten haben sich geändert. Während sich vor nahezu fünfzig Jahren noch die Mütter zum gemeinsamen Spaziergang getroffen, geplaudert und Kinderwagen geschoben haben, fällt heute auch den Vätern diese Rolle zu. Diese drei Väter, die wir zufällig bei unserem Rundgang durch die Stadt trafen, schoben gemeinsam plaudernd und voller Stolz ihre Kinder durch die Parkstraße – genau wie die Mütter eine Generation vorher.

Die Wattenscheider Zeitung berichtete über die Eröffnung der Eisenbahnhaltestelle im Jahre 1886: „ Am Dienstag den 01. Juni 1886 fand die feierliche Eröffnung der Eisenbahnstelle Höntrop statt. Bereits am Eröffnungstage konnte ein reger Besucherandrang verzeichnet werden, da für über 80 Mark Billets verkauft wurden. In den nächsten Wochen stieg diese Zahl um ein Vielfaches, da bis zum 15. August 1886 bereits eine Zahl verkaufter Billets in Höhe von 4109 Stück für insgesamt 1618 Mark verzeichnet werden konnte."

Zehn Jahre später konnten die Höntroper besonders stolz sein, denn die Haltestelle war im März 1896 zum Bahnhof erhoben worden. Erst im Oktober 1910 wurde das Gebäude offiziell übergeben. Eine besondere Feier war damit jedoch nicht verbunden.

Noch heute bietet sich dem Betrachter ein kaum verändertes Bild. Die Häuser rechts und links der Straße stehen noch immer. Natürlich ist bedingt durch moderne Zeiten ein Parkplatz für die Bahnnutzer angelegt worden. Nach der großzügigen Renovierung wurde die Bahnstation zu einer stark frequentierten S-Bahn-Haltestelle ausgebaut, wobei der Parkplatz nun eine Einbindung in ein gut genutztes Park-and-Ride-System erfuhr.

Im alten Bahnhofsgebäude fand Bios Bahnhof als Spezialgeschäft für biologisch angebaute Obst- & Gemüsesorten einen mittlerweile etablierten Standort.

Als Verkehrsknotenpunkt für die zahlreichen Buslinien der Bogestra steht die Bezeichnung Höntrop Bahnhof noch heute für eine der größten Haltestellen.

Wattenscheid. Planschbecken i. Südpark

In der Wattenscheider Zeitung von 1930 heißt es, dass das Planschbad im idyllisch gelegenen Südpark am 17. Mai 1930 zur Benutzung durch die Bevölkerung von der Stadt Wattenscheid offiziell freigegeben wurde. Zum Planschbad gehörte ein zur damaligen Zeit modern eingerichtetes Erfrischungshäuschen, das für das leibliche Wohl der Besucher sorgen sollte. In einer Bekanntmachung des Wattenscheider Oberbürgermeisters vom 19. Mai 1930 ist zudem die Benutzung der Anlage nur im „ Badeanzug" gestattet. Zuwiderhandelnde sollten aus der Anlage verwiesen werden. Im Jahre 1950 wurde das Planschbad erweitert. 1968 erfolgte der Ausbau zum Schwimmstadion Südpark mit beheiztem 50-Meter-Becken und markantem Sprungturm. Später wurde auch noch ein Hallenbad hinzugefügt.

Im Jahre 1971 fand dort die Deutsche Schwimm- & Springmeisterschaft, ausgetragen vom SV Delphin 58 e.V., mit großem Erfolg statt.

Die heutige Ansicht bietet ein verändertes Bild. Das Planschbecken nimmt nur noch einen kleinen Teil des ehemaligen Schwimmbeckens ein.

Wattenscheid-Höntrop Hellweg

Das Foto zeigt den Hellweg in Höntrop, der ursprünglich von Karl dem Großen angelegt wurde. Unser Bild zeigt ein kurzes Stück dieser bedeutenden und uralten Straße in Neukirchen um 1920, wie dieser Höntroper Ortsteil noch um 1900 genannt wurde. Der Hellweg diente im Mittelalter den Soldaten und Kaufleuten als Weg nach Osten und den Pilgern als Weg nach Westen zu einem der Hauptwallfahrtsorte, nach Santiago de Compostela (Nordspanien) zum Grab des Apostels Jakobus.

Im Jahre 1924 beklagten sich laut Wattenscheider Zeitung von 1924 die Anwohner der Chaussee in Höntrop über die Autoraserei in letzter Zeit, da bereits im April des Jahres ein 15-jähriger Junge auf der Höntroper Chaussee zu Tode gekommen war. Aus diesem Grund fanden im Oktober desselben Jahres die ersten Geschwindigkeitskontrollen für Kraftfahrzeuge statt und es wurden Strafmandate über Beträge zwischen 5 und 50 Mark verhängt. Ein Kraftwagenführer regte sich darüber auf, dass er überhaupt mit einem Strafmandat belästigt werde. Diese „Belästigungen" sollen auch heute noch vorkommen.

Von diesen kleinen Querelen merkt man in heutigen Zeiten nicht mehr viel. Der Wattenscheider Hellweg ist noch heute die vielbefahrene Verbindung zwischen Essen über Wattenscheid nach Bochum Zentrum. Das Kopfsteinpflaster ist dem Asphalt gewichen, die Bäume sind größer oder gänzlich durch Neubauten ersetzt worden. Die Staus der Wirtschaftswunderjahre wurden zum alltäglichen Bild. Ampelanlagen müssen den Verkehr regeln. Nach wie vor gibt es eine Vielzahl an Geschäften rechts und links des Hellweges. Die Räume der Post, Napieralla und die Buchbinderei Schween sowie die Metzgerei Dahsenbrock auf der gegenüberliegenden Seite sorgen für eine zeitgemäße Darstellung. Die Kreuzung Höntrop Kirche ist zum feststehenden Begriff geworden als Erklärung für Autofahrer, als Busstation oder als Bezeichnung für die kleine Kirchschule in Höntrop.

Die Kaiserstraße in Westenfeld war ursprünglich benannt nach dem letzten deutschen Kaiser Wilhelm II. Vor 1903 betrug die Anzahl der in dieser Straße befindlichen Häuser nur ingesamt 11 Gebäude, wobei das kunstvoll in Fachwerk gezimmerte Wohnhaus des Stadtbaumeisters Wallrawen, in dem unter anderem auch Amtsrichter Anselm Balthasar und Rechtsanwalt Otto Grillmeier wohnten, das markanteste Haus gewesen ist. Erst im März 1923, nachdem Kaiser Wilhelm II. bereits 1918 abgedankt hatte und ins niederländische Exil gegangen war, wurde die Straße in Gartenstraße umbenannt. Die Neugründung der Stadt Wattenscheid am 01. April 1926 machte eine erneute Umbenennung notwendig. Mit der Umbenennung in Graf-Adolf-Straße wollte die Stadt dem Grafen Adolf IV. von der Mark, der die stadtähnlichen Rechte einer Freiheit vor 1417 an Wattenscheid verliehen hatte, eine dauerhafte Ehrung zukommen lassen.

Die Straße entwickelte sich im weiteren Verlauf zu einer vornehmen Villenstraße. Die stolzen Patriziergebäude der Kaiserzeit um die Jahrhundertwende künden von der Aufwärtsentwicklung Wattenscheids. Ihre Erbauer und Bewohner waren allesamt Ärzte, Pädagogen, Geschäftsleute, Zechendirektoren und natürlich auch höhere städtische Beamte. Der im Jahre 1925 noch einzige Beigeordnete Wattenscheids H. Krengel hat hier seine Villa errichtet, ebenso Malermeister Wiese, Bergassessor W. Dill oder Bergwerksdirektor H. Müller, um nur einige wenige zu nennen.

Galt die Graf-Adolf-Straße lange Zeit als reizvolle Villenstraße, so ist sie heute zum Leidwesen der Anwohner zu einer vielbefahrenen Durchgangsstraße geworden.

Die Aufnahme zeigt die Hochstraße in Blickrichtung Friedenskirche vom Standort der heutigen Gaststätte Distillery aus gesehen. Deutlich erkennbar ist auf der rechten Seite die alte Schulhofsmauer der Marienschule, hinter der das Gebäude für Knaben stand, welches jedoch abgerissen und durch das 1932 errichtete Wattenscheider Posthaus ersetzt wurde.

Auf der linken Bildseite steht das Geschäftshaus des Salomon Fryda, welches später den Standort des Fahrradhauses Salewski bildete.

Im Hintergrund erkennt man den Turm der 1880 eingeweihten Friedenskirche. Die Straßenbahn fuhr zur damaligen Zeit (um 1910) noch eingleisig.

Selbst das im Frühjahr 2003 aufgenommene Foto zeigt schon nicht mehr die aktuelle Sicht der Straße beziehungsweise die Anordnung der Gebäude. Rechts neben dem Schilderwald liegt zwar noch das 1932 errichtete Postgebäude, die weiteren Häuser in Richtung August-Bebel-Platz sind bis zum REWE-Markt Mokanski mittlerweile abgerissen und sollen durch ein neues kleines „Nebenzentrum" ersetzt werden.

Auf der linken Bildhälfte befindet sich in dem Haus Hochstraße/Ecke Hardenbergstraße seit Jahren eine kleine Stehpizzeria. Das Fahrrad- bzw. Sportgeschäft Salewski existiert heute nicht mehr, dafür gibt es auf der Hochstraße in Richtung Bochum hinter der Gaststätte Distillery noch zahlreiche andere Geschäfte wie das Velodrom oder die seit Jahren von Familie Iorio betriebene Pizzeria Piccolo. Die Straßenbahn fährt seit Jahrzehnten zwischen Bochum und Gelsenkirchen zweigleisig und der Turm der Friedenskirche ist weiterhin gut sichtbar und wurde nicht durch den Bau weiterer Gebäude verdeckt. Obwohl eine völlig identische Aufnahme im Vergleich zum alten Motiv möglich gewesen wäre, wurde dieses Vorhaben durch das hohe Verkehrsaufkommen zunichte gemacht.

Diese alte am 25.09.1904 handgeschriebene Wattenscheider Ansichtskarte zeigt den damaligen Kaiserplatz mit Kriegerdenkmal. Der Marktplatz zwischen der Hoch- & Voedestraße hieß ursprünglich Neumarkt und wurde von der Stadtverordnetenversammlung am 27. August 1896 in Kaiserplatz umbenannt, was die Wattenscheider Bevölkerung mit großer Begeisterung aufnahm, zumal vom gleichen Gremium die Errichtung und Platzierung eines vom Kriegerverein gestifteten Kaiser- & Kriegerdenkmals zu Ehren der Gefallenen des Krieges 1870/1871 an dieser Stelle beschlossen wurde. Ursprünglich war geplant, das Denkmal vor der Friedenskirche zu errichten, was jedoch Unmut bei den Mitgliedern des Presbyteriums der evangelischen Kirchengemeinde erzeugte.

Am 27. September 1896 fand die Grundsteinlegung zu dem Kriegerdenkmal auf dem Kaiserplatz statt. Bereits am 15. Mai 1897 traf direkt aus Berlin am Rheinischen Bahnhof in Ückendorf auf zwei Eisenbahnwaggons liegend die vom Kriegerverein gestiftete bronzene Figur des siegreichen Fahnenträgers ein und wurde unverzüglich aufgestellt.

Wattenscheid   Partie am Kaiserplatz

Im Oktober 1901 fiel der siegreiche Krieger plötzlich vom Sockel, konnte jedoch ohne größere Beschädigungen wieder auf den Sockel gehoben werden. 1937 an die Bahnhofstraße verlegt, ist er dann im 2. Weltkrieg endgültig entfernt, eingeschmolzen und für Rüstungszwecke verwendet worden.

Nach Fertigstellung des Kaiserplatzes fanden hier sämtliche Wattenscheider Großveranstaltungen statt. 1921 wird der Platz nach dem Gründer der SPD in August-Bebel-Platz umbenannt, was später die Nationalsozialisten in Adolf-Hitler-Platz ändern. Nach Beendigung des Zweiten Weltkrieges erhält der Platz wieder seinen bis zum heutigen Tage gültigen Namen August-Bebel-Platz.

Nach dem 2. Weltkrieg wird der Platz als solcher zu Gunsten einer geänderten Verkehrsführung sowie Einrichtung eines großen Verkehrsknotenpunktes für Busse und Straßenbahnen völlig zerstört. Zwar heißt die Haltestelle immer noch August-Bebel-Platz, aber der eigentliche Platz existiert nicht mehr.

Einige der Gebäude, die bereits auf den alten Ansichtskarten zu sehen waren, sind bis zum heutigen Tage erhalten geblieben. In den Räumen des alten Geschäftshauses befindet sich heute das Thomas Cook Reisebüro, ehemals BAHC-Reisen und im späterhin angebauten Neubau der Schlüsseldienst Degener sowie das Café Scala im ersten Stock, ein beliebter Treffpunkt am August-Bebel-Platz nicht nur für junge Leute.

Im Vordergrund deutlich sichtbar die Teilung des Platzes durch die Friedrich-Ebert-Straße und die Straßenbahnhaltestelle.

Die Aufnahme zeigt die heutige Fußgängerzone Oststraße vom Standort der Friedenskirche aus. Von der kleinen Straße, durch die die Straßenbahn zunächst noch eingleisig geführt wurde, ist nicht mehr viel übrig geblieben. Zwar wurde die Oststraße schon immer bei historischen Festumzügen genutzt, wie zum Beispiel bei der 500-Jahr-Feier der Stadt Wattenscheid, die aufgrund des Krieges 1917 in das Jahr 1925 verschoben werden musste, jedoch war sie durchweg bis 1970 befahrbar, bis sie komplett neu umgestaltet wurde und seit Oktober 1971 als reine Fußgängerzone genutzt wird. Begleitet wurde die feierliche Eröffnung der neuen Zone durch eine eigens zu diesem Zwecke organisierte Festwoche.

Bedingt durch eine hohe Fluktuation in den letzten Jahren, hat sich das Gesicht der Fußgängerzone schon mehrfach gewandelt. Die Nachfolger des ehemaligen Kaufhauses, des Kurz- &Wollwarengeschäftes sowie der Gaststätte Koch – wie auf den nächsten Seiten berichtet wird – das Schuhgeschäft ara, die Apotheke, der REWE-Markt und natürlich der kürzlich neueröffnete dm-Markt sind mittlerweile fester Bestandteil der Oststraße geworden.

27

Wattenscheid
Oststrasse

Diese Ansicht zeigt die historische Situation der Oststraße um etwa 1910. Ganz links zu sehen das zur damaligen Zeit größte Kaufhaus von Sally Hess. Direkt anschließend folgt das Geschäft von E. Haentjes. Diese Geschäfte führten Kurz- bzw. Miederwaren, Brautaccessoires und Strumpf- & Modewaren. Direkt im Anschluss an E. Haentjes befand sich das Gasthaus Koch.

Die Säle der Gaststätten erfüllten die vielfältigsten Aufgaben innerhalb der Stadt. „Kochs Saal" an der Oststraße wird im 1. Weltkrieg wie viele andere auch in ein militärisches Reservelazarett für im Krieg verwundete Soldaten verwandelt. Von hier aus ist laut Adressbuch der Stadt Wattenscheid Ausgabe 1910 diese Ansichtskarte mit dem nebenstehenden Text von einem verwundeten Soldaten aus dem königlichen Reservelazarett in Wattenscheid Westfalen nach Leipzig geschickt worden. Nicht uninteressant ist die Tatsache, dass die Karten nicht nur auf der Rück-, sondern auch auf der Vorderseite beschriftet wurden.

Diese historische Aufnahme zeigt einen Teil der Frontansicht der Gaststätte Georg Koch mit Kaisersaal. Am 30. April 1896 hat der Wirt Georg Koch als ehemals langjähriger Pächter der Blumbachschen Wirtschaft das Restaurant Franz Iländer in der Oststraße 32 übernommen. Die Gaststätte verfügte neben dem Kaisersaal auch über ein Gesellschaftszimmer mit Piano. Eine weitere Attraktion stellte der Billardtisch dar. Schon zur damaligen Zeit konnten telefonische Anfragen und Reservierungen unter der Fernrufnummer 1220 getätigt werden.

Kaisersaal.
Inh. Georg Koch.

Der von Georg Koch errichtete Kaisersaal wurde am 21. Juli 1903 feierlich eröffnet. Der Saal entsprach sämtlichen Anforderungen der damaligen Neuzeit und verfügte über eine erstklassige Theaterbühne, auf die selbst schon auf den Rückseiten der diversen Postkarten im Jahre 1915 hingewiesen wurde. Riesige Leuchter, die von der kunstvoll stuckverzierten Decke herabhingen, sorgten für eine entsprechende Beleuchtung. Im Hintergrund ist die so gerühmte erstklassige Theaterbühne sichtbar, der Bogengang an der linken Seite führte in die Gaststätte bzw. in die Küche. Beeindruckend ist auch die Baumdekoration unterhalb der Kaiserbüste auf der rechten Seite. Der Kaisersaal diente zunächst als Fest- & Konzertsaal.

Der Kaisersaal erfüllte neben den gesellschaftlichen Aufgaben auch zahlreiche andere Aufgaben für die Stadt. Während des 1. Weltkrieges wird Kochs Saal in ein Reservelazarett für verwundete Soldaten verwandelt und diente hier im Speziellen als Krankensaal. Bereits am 4. September 1914 wurde der Saal mit deutschen Soldaten belegt und von den Damen des Wattenscheider Vaterländischen Frauenvereins liebevoll betreut, wie die Wattenscheider Zeitung im Jahre 1919 rückblickend vermerkt.

Die obige Aufnahme macht deutlich, dass es noch im Lazarett militärisch zugeht. Die Bettreihen stehen akurat in Reih und Glied und die Verwundeten sitzen selbst mit Kopfbinde versehen aufrecht auf ihrem Bett.

Die bereits erwähnte erstklassige Theaterbühne im Hintergrund ist mit großen weißen Laken verdeckt.

Nach dem Krieg wurde der Saal wieder seinem ursprünglichen Zweck zugeführt und diente wieder als Raum für Theateraufführungen – selbst der junge Millowitsch soll hier gastiert haben.

Er diente auch als Vorführraum für die neue Kunst des Films. Im Januar 1919 wurde mit den Umbauarbeiten des Saales zu einem modernen Kino begonnen. Eine Garderobe und ein Erfrischungsraum sollten den verwöhnten Geschmack des Besuchers zufrieden stellen. Am 01. August 1919 wurde das Alhambra-Kino mit 800 Sitzplätzen eröffnet. Eine eigene Kapelle sorgte für die Untermalung der Stummfilme, bis 1930 die ersten Tonfilme gezeigt wurden. Um das Jahr 1960 wurde das Alhambra-Theater geschlossen und zu weiteren Verkaufsflächen, zunächst für Aldi und späterhin Hill umgebaut. Heute befindet sich dort nach ihrem Umzug die große Filiale der Drogeriemarktkette „dm".

Wattenscheid   Parkstraße mit Eingang zum Stadtgarten

Diese Abbildung zeigt die Parkstraße mit dem Eingang zum Stadtgarten um 1911. Am Dienstag, den 15. November 1898 wurde der Grundkomplex des Stadtgartens von der Stadt Wattenscheid erworben und vom Stadtbaumeister Wallraven vermessen und ausgepfählt. Auch das Eingangstor in der Parkstraße ist zu dieser Zeit entstanden. Die gesamte Anlage dieses ältesten Teils des Stadtgartens wurde auf einer Fläche von 5,75 ha errichtet.

Ab 1927/1928 entstand unter Leitung des Stadtingenieurs Hoose im Rahmen der produktiven Erwerbslosenhilfe der nördliche Teil des Stadtgartens, der sich damit auf eine Größe von ca. 12 ha vergrößerte. Zusätzlich wurde 1932 mit dem Bau der Freilichtbühne begonnen, die 1937 zum ersten Mal bespielt worden ist.

Die Häuser auf der gegenüberliegenden Seite sind um 1900 herum gebaut, etwa zu der Zeit, als auch der erste Teil des Stadtgartens angelegt wurde.

Die Aufnahme aus dem Jahr 2003 beweist, dass noch heute die Reste zweier Torsäulen bis auf Tischhöhe erhalten geblieben sind. Die Torflügel sind seit langem verschwunden und verschrottet. Direkt davor steht das ehemalige Haus von Studiendirektor Jösser, heute Familie Seier, Parkstraße 32.

Die Häuser auf der gegenüberliegenden Seite sind in äußerlich äußerst gutem Zustand erhalten geblieben, nur die Besitzer haben mittlerweile teilweise gewechselt. Einige Häuser sind auch unter Denkmalschutz gestellt worden. Der Stadtgarten hat seine ursprüngliche Größe beibehalten, die Freilichtbühne gibt es sehr zur Freude nicht nur der Wattenscheider Bevölkerung noch immer – inzwischen mit einer äußerst angenehmen Verbindung aus Biergarten und Freilichtbühne, auf der sich sommertags hochkarätige und auch weniger bekannte, dafür aber auch ausgefallene Stars tummeln.

Am 24. Mai 1873 beschließen die Wattenscheider Stadtverordneten die Errichtung eines städtischen Krankenhauses an der jetzigen Parkstraße. Die Aufnahme zeigt die Ansicht des parallel zur Parkstraße von Bauunternehmer F. Henkel errichteten Nordflügels des Krankenhauses in Richtung Hochstraße. Zunächst bestand das Krankenhaus nur aus diesem ursprünglichen Teil. Von 1881 bis 1910 wurde dieses Haus permanent um- bzw. ausgebaut, nachdem es zuvor im Jahre 1879 an die katholische Kirchengemeinde St. Gertrud verkauft worden war. Seit dem 01. Januar 1880 trägt das katholische Krankenhaus den Namen „St. Marien-Hospital". Als Vorläufer dieses Hospitals diente das 1870 von Pfarrer Menke gegründete Krankenhaus mit 12 Betten an der Westenfelder Straße, in dem die Kranken zunächst von vier Vinzentinerinnen betreut wurden.

Am 17. September 1882 hat das Marienhospital einen neuen besonderen Schmuck bekommen, der jedoch mehr für die Ohren bestimmt war als für die Augen: eine neue Glocke.

Die Abbildung zeigt den 1900 erbauten Südflügel des Krankenhauses, wobei das Krankenhaus nunmehr über eine Kapazität von insgesamt 355 Betten verfügte. Das Marien-Hospital hat nun einen räumlich recht erheblichen Umfang in Form eines rechten Winkels. Der Betrachter blickt die Parkstraße entlang in Richtung Norden. Der Gebäudekomplex ist mit einer Mauer umgeben, die gesamte Parkstraße wird zu beiden Seiten von neu gepflanzten Bäumen gesäumt.

Hinter dem alten Nordflügel des Hospitals sind die um 1900 erbauten Häuser in der Parkstraße erkennbar, die zeitgleich mit dem 1. Teil des Stadtgartens entstanden sind.

Rechts im Bild erkennt man das 1903 im Fachwerkstil erbaute Wohnhaus von Johannes Franke.

Die beiden Aufnahmen stellen das Pendant zu den historischen Aufnahmen der beiden vorangegangenen Seiten dar.

Nachdem das St.-Marien-Hospital seit 1996 erneut umgebaut – es entstand ein Zentrum für geriatrische Akutbehandlung und Rehabilitation – und im Jahr 2000 endgültig fertiggestellt wurde, sind diese beiden Aufnahmen entstanden.

Die eine Aufnahme zeigt den ursprünglichen Nordteil, der parallel zur Parkstraße errichtet worden ist mit seinen modernen Anbauten. Deutlich sichtbar sind die immer noch vorhandenen Überreste der ursprünglichen Mauer an dieser Stelle.

Die andere Aufnahme zeigt den Südteil des Hospitals, der ebenso wie der Nordteil eine Vergrößerung bzw. einen Anbau erhalten hat, in dem sich mittlerweile der Haupteingang zur Geriatrie befindet sowie eine große, lichtdurchflutete Cafeteria.

Rechts ist nach wie vor das von J. Franke errichtete Haus erkennbar – nur die Bäume zu beiden Seiten der Parkstraße sind mittlerweile enorm gewachsen.

Wattenscheid. Stadtgarten Gondelteich

11990

Der Stadtgartenteich, der „Gondelteich", wurde in den Jahren 1927/1928 auf einer Wiese, die von einem kleinen Bach durchflossen wurde, unter Leitung von Stadtingenieur H. Hoose im Rahmen der produktiven Erwerbslosenhilfe als Ergänzung zum alten, südlich gelegenen Teil des Stadtgartens angelegt.

Während des 2. Weltkrieges litt der Gondelteich durch Bergschäden und verlor permanent Wasser, weshalb er 1951 unter Leitung von Stadtinspektor Krefting mit Trümmerschutt um insgesamt ein Drittel seiner Fläche verkleinert und eine Vogelinsel angelegt wurde, auf der sich übrigens die damals einzige Vogelfangreuse Nordrhein-Westfalens befand.

Wattenscheid   Stadtgarten.   Gondelteich

Das Erfrischungshäuschen wurde abgerissen. Im Dezember 1962 wurden 2 Schiffe auf dem Stadtgartenteich verankert, die als Gaststätte von Frau Milly Linka betrieben wurden. Die Häuser im Hintergrund sind mittlerweile durch reichlich Wald verdeckt und der Teich selbst lädt ein zum Verweilen, Nachdenken und Seele baumeln lassen ...

Eine Idylle des Naherholungsgebietes „Beckmanns Stadion", wie die Straßenbahnfahrer an der entsprechenden Haltestelle ausgerufen haben, vermittelt die obige Ansicht der Stadt. Mit den Arbeiten zur Wassersportanlage im Beckmannschen Stadion wurde 1926 begonnen. Im Mai 1927 waren die Arbeiten am Gondelteich so weit gediehen, dass mit der Füllung des 1m bis 1,5 m tiefen Teiches begonnen werden konnte. Die Füllung des Teiches dauerte etwa 14 Tage, so dass am 22. Juni 1927 der Gondelbetrieb mit Kähnen aufgenommen werden konnte.

Stolz weht die Fahne am Ständer neben dem Bootshäuschen. Mit der Kombination aus Teichanlage, Restaurationsbetrieb und hier nicht sichtbar Fußballfeld, Tennisplatz, Schießstand und Schwimmbecken hat die Familie Beckmann bis zur Schließung des Schießstandes 1974 die wohl wertvollste private Freizeitanlage geschaffen, die je eine Privatperson der Öffentlichkeit zur Verfügung gestellt hat und damit wohl eine zukunftsweisende Initiative, die die späteren Revierparks vorwegnimmt.

Blick auf Beckmann's Gondelteich Ende der 30-er Jahre

Heutige Ansicht über den trocken gelegten Teich mit Blick auf die Gertrudiskirche.

Das Freibad Beckmanns Hof bot fast 40 Jahre lang der Wattenscheider Jugend Erfrischung und Erholung. Am 30. Juli 1927 wurde die Schwimmsportanlage mit einem Schwimmwettkampf feierlich eröffnet. Das 18–26 Grad warme und salzhaltige Wasser der beiden Schwimmbecken wurde von der 6., 7. und 8. Sole der Zeche Morgensonne – im Hintergrund links noch so eben erkennbar – in die Becken geleitet. Die Schließung der Zeche führte auch zur Schließung des Schwimmbades Beckmanns Hof im Jahre 1964.

Der Gondelteich wird ebenfalls umgestaltet. Bis zum Jahr 1935 ist die kleine Insel verschwunden und das Ufer flacher angelegt. Ende der 40er Jahre wird der Teich dann trockengelegt und 1950 zunächst in einen Rübenacker von 14 Morgen umgewandelt.

Viele Badegäste nutzten das beliebte Schwimmbad in den 50-er Jahren.

Terrasse des Restaurants Beckmannshof mit heutigem Blick auf das „alte Schwimmbecken".

Wattenscheid-Leithe

Direkt am Leithebach, an der heutigen Stadtgrenze nach Gelsenkirchen liegt der Hof Schulte Kemna, auf dem im Zuge der Industrialisierung im Jahre 1875 durch Johann Schulte eine Dampf-Korn-Brennerei errichtet wurde. Mit der Geschichte der Gemeinde Leithe ist der Hof Schulte Kemna eng verbunden gewesen, wie Franz-Werner Bröker in seiner illustrierten Stadtgeschichte Wattenscheids zu berichten weiß. Die Witwe des Johann Schulte Kemna, Ottilie geborene Eickenscheidt ließ die Dampfkesselanlage im Jahre 1886 modernisieren, wie alte Pläne im Stadtarchiv Bochum berichten. Auf dem alten Situationsplan, der zum Bestandteil der Betriebsgenehmigung gehörte, ist noch ein Teich eingezeichnet, der auf dem Bild aus den 20er Jahren des vorigen Jahrhunderts stammte und nicht mehr vorhanden ist.

Die Bombenhagel von 1943 und 1945 und ein durch Plünderung der Alkoholvorräte ausgelöster Großbrand am Ende des Krieges zerstören große Teile des alten Gutshofes. Nur wenige Teile werden neu aufgebaut und strahlen nach erfolgreicher Restaurierung wieder in altem Glanz.

Noch heute trinken nicht nur alte Wattenscheider gerne einen klaren milden Weizen aus dem Hause Schulte Kemna, da der bis zum heutigen Tage auf diesem Hof gebrannte „Weizenjunge" einen hohen Bekanntheitsgrad erreicht – auch weit über die Stadtgrenzen Wattenscheids hinaus. Der sich immer noch in Familienbesitz befindliche Betrieb wurde zu einer der größten Kornbrennereien Deutschlands ausgebaut wie die Festschrift anlässlich des 100-jährigen Bestehens nachweist.

Kapelle.

Restaurant v. W. Kopp

Gruss aus Sevinghausen Stalleiken b. Wattenscheid i. W.

Die obige Aufnahme zeigt den Hellweg in Sevinghausen, direkt an der Gaststätte Kümmel Kopp, eine der ältesten Wirtschaften im Ruhrgebiet, wie Eduard Schulte in einem Bericht in der WAZ Wattenscheid am 24. Mai 1952 beschreibt. Tatsächlich haben in den vergangenen Jahrhunderten hier bedeutende Ereignisse, Konferenzen und kirchliche Feste stattgefunden. Wie der Märkische Sprecher vom 23. Januar 1864 berichtet, fand sogar das Festessen für die Kapelle zu Höntrop am 23. Januar 1864 im Gasthof des Herrn Kopp zu Stalleicken statt. Die Aufnahme entstand um 1900 mit Blick nach Westen, links der alte Hof Hackmann jetzt Wilhelm Kopp, der 1845 erbaut worden war und auf der rechten Seite das alte Fachwerkhaus des Hofes Stalleickmann – zum Zeitpunkt der Aufnahme Wilhelm Fellermann. Am linken Bildrand steht vor der 1395 erstmalig erwähnten Bartholomäuskapelle das Spritzenhaus der Gemeinde in Sevinghausen.

Im Mittelalter stellte der Hellweg einen der bedeutsamsten Ost-West-Handelswege und Pilgerstraßen zum Wallfahrtsort Santiago de Compostela in Nordspanien dar. Die kleine Kapelle wurde als Station auf diesem beschwerlichen Weg errichtet.

Ungefähr 100 Jahre später bietet sich dem Betrachter ein ähnliches Bild. Lediglich die Gebäude wurden einer gründlichen Renovierung unterzogen, direkt im Anschluß an die Bartholomäuskapelle befindet sich heute die Bittersche Hofanlage. Die Bartholomäuskapelle dient heute nach erfolgreicher Restauration als Autofahrerkapelle.

Die traditionsreiche Gaststätte Kümmel Kopp wurde aufgrund der zentralen und verkehrsgünstigen Lage am Hellweg ein beliebter Treffpunkt vieler auswärtiger Gäste und hat ihren ländlichen Charme bis zum heutigen Tage bewahrt.

Direkt vor dem alten Hof Stalleickmann befindet sich heute der Blumenbetrieb Schley mit seinen großzügigen Parkmöglichkeiten. Dieser Betrieb avancierte in den letzten Jahren zum Spezialbetrieb für ausgefallene Pflanzen, Dekorationen, Gartenzubehör etc. Der Ruf des hauseigenen Weihnachtsmarktes ist mittlerweile weit über die Stadtgrenzen hinaus legendär geworden.

Gertrudiskirche u. Altstadt.   Gruss aus Wattenscheid.

Die obige Aufnahme zeigt die von Pfarrer Theodor Menke von 1868 bis 1872 erbaute Gertrudiskirche mit dem jahrhundertealten Stadtkern Wattenscheids. Im Mittelalter diente die Kirche auch als Wehrburg. Die Häuser an der Papenburg stehen dicht gedrängt um die leicht erhöhte Kirchenburg.

Das Fundament und die Grundmauern des Turmes gelten als das älteste Bauwerk in Wattenscheid.

Die Aufnahme entstand nach 1895 und zeigt den bereits aufgestockten Turm der Gertrudiskirche, der nun eine Höhe von insgesamt 67 m erreicht.

Bei der Aufnahme aus dem Jahr 2003 steht der Betrachter mit dem Rücken zum Gertrudenhof. Die Anordnung der alten Häuser gibt es nicht mehr. Die Aufnahme zeigt den Kreuzungsbereich Propst-Hellmich-Promenade/An der Papenburg. Eindeutig zu erkennen ist das Haus der Gaststätte Pütz und gegenüber am linken Bildrand das Tor der Einfahrt auf das Grundstück der Firma Optik Ernst. Die Straße An der Papenburg führt an dieser Stelle direkt auf die Kirche St. Gertrud und damit auch auf den Marktplatz zu mit den wenigen noch vorhandenen Geschäften, die dem Aussterben der Stadt an dieser Stelle die Stirn bieten wie zum Beispiel die Apotheke, die Firma buxa-Brille mit X, Bettwaren Höltken oder das im stilvollen Ambiente eines alten Fachwerkhauses angesiedelte Geschäft für schöne Dinge im Bereich Haus und Garten der Firma LeichtSinn. Diente die Kirche im Mittelalter als Wehrburg gegen die äußeren Feinde, so bilden heute die am Markt ansässigen Geschäftsinhaber wie Volker Buxa (Brille mit X) und Ina Schlömann (LeichtSinn) die Trutzburg gegen sämtliche Widrigkeiten, die einem Geschäftsinhaber zu den momentan schwierigen Zeiten widerfahren können.

Im Februar 1884 beantragt der Bergmann Johannes Kesten aus Wattenscheid beim Landgericht Bochum die Eintragung ins Grund- & Hypothekenbuch für das direkt vor der Freiheit Wattenscheid gelegene sogenannte Gillhausische Haus nebst dazugehörigem Garten und Baumhof. Noch im März 1888 warb sein Sohn Wilhelm Kesten bei seinem Publikum mit einer Anzeige, daß die von seinem verstorbenen Vater geführte Schankwirtschaft in der Oststraße 24 nun in seinem Namen weitergeführt wird. Prompte und reelle Bedienung zusichernd bittet er um geneigten Zuspruch. Auch seine Bäckerei und Konditorei brachte er bei dieser Gelegenheit in empfehlende Erinnerung.

Dieses Haus wurde kurz vor dem Abriss 1891 vom Fotografen Wilhelm Spengler, Fotograf in Königssteele a. d. Ruhr, Wattenscheid & Langenberg festgehalten.

Der Neubau, der dann am 14. Mai so weit hergestellt war, dass die Gebrüder Alsberg später Oeben & Thoben im Neubau des Herrn Wilhelm Kesten an der Oststraße ein großes und den Anforderungen der Neuzeit entsprechendes Verkaufshaus für Manufaktur- und Modewaren, Bettwaren und Aussteuerartikel sowie fertige Damen- & Herrenkonfektion, Mädchen- & Knabengarderobe eröffnete. Nur wenige Wochen später eröffnete Wilhelm Kesten im selben Gebäude sein neues Lokal „Centralhof".

Noch einige Male ist dieses Haus im Laufe der Jahrzehnte umgebaut beziehungsweise erweitert worden wie auch die nächste Seite eindrucksvoll beweist. Neben den entsprechenden Zeitungsausschnitten gibt es auch eine fotografische Darstellung der heutigen Sicht. Das Haus Oeben & Thoben hat seine Schaufensterfront nun nicht mehr allein auf die zur Fußgängerzone umfunktionierte Oststraße gerichtet, sondern auch auf die Rückseite des Hauses in Richtung Voedestraße. Bis zum heutigen Tage zeichnet sich die Firma Oeben & Thoben durch ein reichhaltiges Angebot an gehobener Damen- & Herrenkonfektion aus.

Aus altem „Zentralhof" wird modernes Geschäftshaus

Die Ecke Voede—Oststraße sah vor 80 Jahren so aus, wie unsere Aufnahme links sie zeigt. Auf freiem Platz, den die alten Wattenscheider als Kirmesplatz benutzten, stand der „Zentralhof"; an seiner Ostseite war ein Ziegenstall angebaut. 1891 wurde das Haus niedergerissen. Es mußte einem modernen Geschäftshaus weichen, in dem sich neben der Firma Oeben & Thoben bis vor kurzem die Altdeutschen Bierstuben befanden.

Das Haus wurde schon einmal baulich verändert. Die große Türe an der Stirnseite wurde zugemauert. Jetzt, nach 60 Jahren, wird das Haus gründlich verändert. Die Firma Oeben & Thoben will es ganz in ihren Besitz nehmen und darin ein großes, modernen Anforderungen entsprechendes Geschäft einrichten. Vor 14 Tagen hat man damit begonnen. Zur Zeit ist man dabei, die Keller auf-

zustemmen, um neue Fundamente, zum Teil von 2 mal 2 Meter, aufzurichten. Die jetzigen Stützen dürfen durch den Umbau nicht belastet werden. Die Stirnseite des Hauses wird 2½ Meter zurückverlegt und damit wird das ganze Erdgeschoß verändert. Acht große Schaufenster, die sich von der Oststraße bis zur Voedestraße erstrecken, werden eingebaut. Wie es aussehen wird, verrät die Zeichnung: dem Zweck entsprechend und doch schmuck und repräsentativ. Dadurch wird nicht nur ein Beitrag zur Entlastung des Verkehrs an der belebten Ecke geleistet, es wird ein Haus geschaffen, das das Ansehen der Wattenscheider Innenstadt und ihrer Hauptgeschäftsstraße in beträchtlichem Maße erhöhen wird. Der Architekt, der sich um die Lösung dieser Aufgabe verdient gemacht hat, ist Heinz Ringelband.

... urban... ...ierung in Wattenscheid,

Wattenscheid um einen modernen Geschäftsbau reicher geworden

Wenn am kommenden Dienstag die Firma Oeben & Thoben das umgebaute Haus der früheren Altdeutschen Bierstuben in Benutzung nimmt, dann ist Wattenscheid um einen modernen Geschäftsbau reicher geworden, um ein Geschäftshaus, das in seiner Art auch zwischen den wuchtigen neuen Geschäftshäusern in den Nachbarstädten auffallen und Beachtung finden würde.

Am 25. September, 15 Uhr, kann der erste Kunde im neuen Geschäftshaus über die Schwelle treten. Der 25. September war Termin von Anfang an. Der Umbau ist also pünktlich fertig geworden, die Bauzeit wurde nicht überschritten.

Dabei waren große Schwierigkeiten zu überwinden und schwerwiegende Sicherheitsfaktoren zu beachten. Große Abstützungen und umfassende Verstrebungen mußten vorgenommen werden. Das Eckhaus wurde teilweise bis zum Keller neu fundamentiert, wozu allein 38 Tonnen Stahl verwendet wurden. Zwei Treppenhäuser in den ersten Stock fielen weg. Sie wurden durch einen Anbau ersetzt. Mit neuen Aufgängen dient jetzt das Eckhaus ganz als Geschäftshaus, in dessen Erdgeschoß 140 Quadratmeter Verkaufsfläche hinzukamen.

Diese Aufgaben waren für Architekt und Baufirmen nicht leicht zu lösen. Berücksichtigt man sie, dann darf man feststellen, daß Architekt Ringelband und die beteiligten Firmen hier in wenigen Monaten etwas geleistet haben, das nicht nur Beachtung und Anerkennung ver-

dient, das auch vom städtebaulichen Standpunkt aus bemerkenswert ist. Denn die Aufgabe lautete nicht nur, der Firma Oeben & Thoben ein modernes und größeres Geschäftslokal zu bauen, es galt auch, wichtige Fragen des Verkehrs zu lösen. Es mußte Forderungen Rechnung getragen werden, an denen man bei dem starken Verkehr in der Oststraße und bei der Verfolgung von Plänen, die die Gestaltung der gesamten Wattenscheider Innenstadt festlegen, nicht vorbeigehen konnte. Deshalb wurde eine Arkade, ein Durchgang geschaffen, der in einer Tiefe von 2,50 Meter unter den ehemaligen Altdeutschen Bierstuben hindurchführt. Es ist der neue Bürgersteig, auf dem jetzt der starke Fußgängerverkehr an dieser Stelle sich reibungslos abwickeln kann.

Das Haus Oststraße—Voedestraße, früher ein alter Wattenscheider Gasthof, einigemal im Laufe der Zeit umgebaut, wendet jetzt sein gläsernes Gesicht zur unteren Oststraße. Es ist der Blickpunkt aller Fußgänger und Fahrgäste von Straßenbahnen und Kraftwagen, die die Oststraße hinaufkommen. Seine lange Schaufensterfront, für die über 180 Quadratmeter Glas gebraucht wurden, wird abends das ganze Dreieck Ost-, Freiheit- und Voedestraße erleuchten. Wattenscheid ist, wie gesagt, um einen modernen Geschäftsbau reicher geworden, um einen wirklich markanten Bau, über den noch manches zu berichten ist, wenn wir ihn nach endgültiger Fertigstellung am Montag auch von innen sehen können.

Die geschichtliche Entwicklung des ehemaligen Gillhausischen Grundstückes bis zur Entstehung des Hauses Oeben & Thoben wird in oben abgelichtetem Zeitungsartikel besonders deutlich. Leider findet die Geschichte des Textilhauses ihr Ende im Herbst 2004, da der Betrieb aus wirtschaftlichen Gründen eingestellt wird.

Die obige Aufnahme dokumentiert die heutige Ansicht des Damen- & Herrenoberbekleidungsgeschäftes Oeben & Thoben an der direkten Verzweigung von Ost-, Freiheit- & Voedestraße.

Hermann Eppings Kolonialwarenhandlung an der Nordstraße 37 war ein typischer „Tante Emma Laden" aus dem Jahre 1905, wie sie im Wattenscheid der damaligen Zeit vielfach betrieben wurden. Auch Wäsche, Handtücher und Schürzen konnte man bei Hermann Epping erwerben, wie das Adressbuch der Stadt Wattenscheid von 1910 zu berichten weiß.

In Kolonialwarengeschäften konnte man zu dieser Zeit unter anderem Konserven, Delikatessen, Gewürze, Salz, Zucker, Mehl, Kaffee, Salzheringe, Waschpulver, Seife und auch Petroleum zur Wohnungsbeleuchtung erwerben. Eine sinnvolle Ergänzung des Lagerbestandes, da zur damaligen Zeit die meisten Wohnungen mit Petroleum beleuchtet wurden. Die ersten Geschäfte in Wattenscheid wurden 1907 ans Stromnetz angeschlossen.

Die heutige Aufnahme zeigt an Stelle des alten Kolonialwarenladens von Hermann Epping ein modernes mehrgeschossiges Gebäude gegenüber der örtlichen Polizeistation auf der Friedrich-Ebert-Straße.

Die reine Fensterfront ist einer Balkonfront mit Ausblick auf die Friedrich-Ebert-Straße gewichen.

Geblieben ist der ursprüngliche Charakter eines Wohn-/Geschäftshauses. Eine „Schenkwirtschaft" gibt es noch heute. Neben der Gaststätte „Zur Hexe" versorgt ein kleiner Kiosk Groß und Klein mit allerhand Wichtigem.

Mit den Ausschachtungsarbeiten für das Stationsgebäude Bahnhof Wattenscheid an der Bergisch-Märkischen Strecke wurde am 12. November 1873 begonnen. Das Gebäude wurde in Fachwerkbauweise ausgeführt und hatte eine Längenfront von insgesamt ca. 120 Fuß (ca. 37 m). Im Juni 1874 wird die baldige Vollendung der Bauarbeiten gemeldet, bereits zum 01. Januar 1875 wurde die Strecke für den Personenverkehr vom Bahnhof Bochum Süd über Westenfeld, Bahnhof Wattenscheid Richtung Essen in Betrieb genommen. Der Bahnhofsvorplatz machte zur damaligen Zeit einen recht tristen Eindruck. Rechts neben dem Bahnhofsgebäude entsteht im Jahre 1905 das neu erbaute Dienstwohnhaus des jeweiligen Bahnmeisters, in dem nacheinander die Bahnmeister Uhlenkamp, Gilles, Hoffmann, Karl Knauff und Josef Bröker wohnten.

Beim Bau der Bahnstrecke wurde die Talmulde der Radbecke in Westenfeld durch einen Bahndamm überquert, der Westenfeld in zwei Hälften teilte. Im März 1905 wurde mit Bauarbeiten für die Gleisunterführung begonnen. Der Ein- bzw. Aussteigeverkehr sollte dadurch erleichtert und weniger gefährlich gestaltet werden.

Besonders lästig wirkte sich die enge Unterführung an der Westenfelder Straße aus. Die Natur half jedoch nach und sorgte dafür, dass nach einer weiteren Absenkung des Geländes, bedingt durch Bergschäden, eine Aufdämmung unumgänglich wurde. Im Jahre 1956 ersetzte man im Zuge der Erhöhungsmaßnahme die enge Durchfahrt durch eine große und breitere Unterführung.

Die Entscheidung der Wattenscheider Stadtväter, den Bahnhof Wattenscheid nicht zu dicht ans Stadtgebiet heranzuführen, sondern ihn auf Westenfelder Gemeindegebiet zu verlegen, wirkte sich im Nachhinein sogar noch günstig aus, weil der Bahnhof nach Gründung der Mittelstadt und der damit verbundenen Bebauung der südlichen Stadtteile nun eine zentrale Lage erhielt.

Ein äußerlich verändertes Bahnhofsgebäude gibt es noch heute in Westenfeld. Integriert wurde die Szenekneipe Charivari, in der sich bei der Vielzahl an regelmäßigen kulturellen Veranstaltungen auch Showgrößen wie Heinz Rudolph Kunze die Ehre gaben.

Gruss aus Günnigfeld.

Hauptstrasse.

90273 Wilh. Bee, Buchhandlung u. Buchdruckerei, Günnigfeld.

Die Hauptstraße in Günnigfeld ist der direkte Weg zwischen Wattenscheid, Günnigfeld, Hordel und Eickel. Bei der obigen Abbildung steht der Betrachter mit Blickrichtung Nordosten auf der alten Hauptstraße, der heutigen Günnigfelder Straße. An diesem wichtigen Verkehrsweg befanden sich zahlreiche Geschäfte und öffentliche Einrichtungen, wie die evangelische Falkschule, der Kruppsche Konsum und die Kruppsche Bierhalle, die Hindenburg-Apotheke sowie fünf Colonialwarenhandlungen. Links im Bild steht das Eckhaus zur Karlstraße, in dem die Schwesternstation der evangelischen Kirchengemeinde eingerichtet war. Hinter dem sich anschließenden Kruppschen Konsum dehnt sich zwischen der Ulrich- & Rudolphstraße die Kolonie Hannover aus, die in den Jahren 1885 bis 1890 erbaut wurde und eine große Leistung des Kruppschen Unternehmens darstellt. Die obige Aufnahme wurde vor 1908 erstellt, da die Straßenbahnlinie Baukau-Höntrop noch nicht über die Hauptstraße verlegt worden war.

Die obige Aufnahme dokumentiert die heutige Ansicht der Günnigfelder Straße. Das ehemalige Eckhaus zur Karlstraße, in dem die Schwesternstation der evangelischen Kirchengemeinde eingerichtet war und der nachfolgende Konsum sind in den 70er Jahren durch ein großes Wohn- & Geschäftshaus, in dem sich heute unter anderem das Büro einer Provinzialversicherung befindet, ersetzt worden.

Die ehemalige Kopfsteinpflasterstraße wurde zu einer zweispurigen Straße mit Parkmöglichkeiten zu beiden Seiten ausgebaut. Die 1908 eröffnete Straßenbahnverbindung Baukau-Eickel-Günnigfeld-Wattenscheid-Höntrop wurde bereits 1937 wieder stillgelegt und durch Busverbindungen ersetzt, die noch bis zum heutigen Tage bestehen. Mittlerweile ist auf der Günnigfelder Straße ein kleines Nebenzentrum mit einer Vielzahl an Einkaufsmöglichkeiten entstanden.

WATTENSCHEID   Evangel. Krank

Die besten Grüße von mir an alle im Hause.

aus

Lilka um baldigen Antwort!

Am 12. November 1899 fand die feierliche Grundsteinlegung zum neuen evangelischen Krankenhaus Lutherstift statt. Ein besonderes Ereignis sollte bei dieser Gelegenheit Erwähnung finden. Während des Festaktes hatten die Geistlichkeit und geladene Ehrengäste des Presbyteriums, die Herren Bürgermeister Wibberding, Amtmann Emisch, Bergwerksdirektor Beckmann, Stadtbaumeister Wallraven, Dr. Beckhaus, Rendant Rumpf, der Kirchenchor und viele andere mehr auf den über die Kellermauern gelegten Brettern Aufstellung genommen. Mitten im feierlichen Akt gab es einen Knacks, und 20 bis 25 Herren verschwanden in der Tiefe. Die Bretter hatten der Belastung nicht standgehalten und waren gebrochen. Zum Glück waren alle unversehrt geblieben und die Feier konnte, nachdem der Schrecken überwunden und die Aufstellung wieder erfolgt war, weiter ihren Fortgang nehmen, wie die Wattenscheider Zeitung vom 13. November 1899 zu berichten wusste.

Das heutige Martin-Luther-Krankenhaus an der Voedestraße hatte seinen Ursprung in der ehemaligen Diekmannschen Villa. Diese aus 12 Räumen bestehende Villa inmitten eines Parks wurde 1885 von der evangelischen Kirchengemeinde gekauft und 1886 zum ersten evangelischen Krankenhaus Wattenscheids umgebaut.

Am 07. Juli 1901 wurde der Neubau des Martin-Luther-Krankenhauses offiziell eingeweiht.

Anno 1925 nimmt das frühere Martin-Luther-Stift eine moderne Röntgenanlage in Betrieb, die damals auf dem neuesten Stand der Technik arbeitete. Die Wattenscheider Zeitung fand für diese Investition und technische Innovation in wirtschaftlich schweren Zeiten wohlwollende Worte: „Mit der neuen Röntgeneinrichtung besitzt das Lutherstift eine Anlage, wie sie größer und moderner selbst größere Krankenhäuser nicht haben."

Die alte Krankenhausvilla – inzwischen zum Pfarr- bzw. Gemeindehaus umfunktioniert – wird im März 1942 durch Bomben völlig zerstört.

Bereits 1954 wird dem Krankenhaus an der rechten Seite ein Erweiterungsbau angefügt. Im Januar 1982 erfolgt noch die Angliederung einer Abteilung für Psychiatrie. Insgesamt verfügt das Krankenhaus nun über eine Anzahl von 320 Betten.

Die noch auf der historischen Abbildung sichtbare Mauer ist mittlerweile einem Parkplatz gewichen, noch immer ist das Krankenhaus, obwohl inzwischen an der stark frequentierten Voedestraße gelegen, eingebettet in eine kleine Grünanlage. Direkt an der Einfahrt zum Krankenhausgelände befindet sich in einer Kombination aus Alt- & Neubau das evangelische Pfarrbüro sowie die Verwaltung des Martin-Luther-Krankenhauses.

Ein neues Operationsgebäude wurde 1987 in Betrieb genommen, das im Jahre 2003 um eine weitere Etage aufgestockt und für eine moderne Intensivstation erweitert wurde.

69

Die vorherige Abbildung zeigt den Motorrad-Club Wattenscheid 1925 vor der Kirchenmauer, die die kleine evangelische Kirche am alten Markt umgibt.

Mit seinen Motorrädern erregte dieser Verein zur damaligen Zeit schon größtes Aufsehen. Der Zweck des Vereins waren gesellige Zusammenkünfte, gemeinsame Sonntagsausflüge, Fahrten zum Nürburgring und gegenseitige Hilfe bei Pannen. Viele Mitglieder des Vereins sind im Zweiten Weltkrieg gefallen.

Noch heute verbringen junge Mitglieder eines Nachfolgevereins zahlreiche Stunden zum gleichen Zweck miteinander.

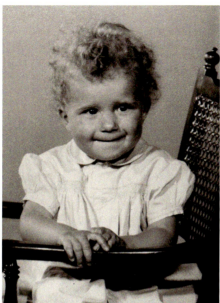
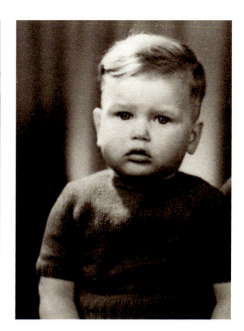

Die Zeit hat nicht nur ihre Spuren in unserer Stadt hinterlassen, wie die vorangegangenen Fotos beweisen. Auch die Gesichter der Menschen unserer Stadt haben sich verändert. Die Aufnahmen zeigen das Trio Rudolf Wantoch (im Frühjahr 1940), Björdis Derksen (im Spätsommer 1963) und den Fotografen Manfred Vollmer im Alter von 2 Jahren einst und jetzt.

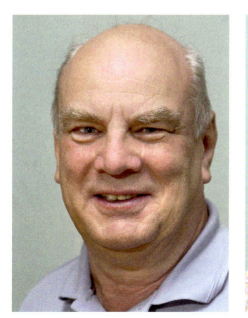
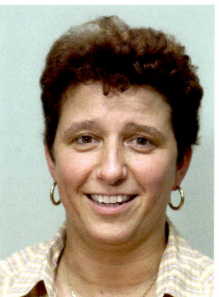

Literaturverzeichnis:

F.-W. Bröker, Wattenscheid – Eine illustrierte Stadtgeschichte

G. Röwekamp, Wattenscheid – Ein verlorenes Stadtbild

Stadtarchiv Bochum/Wattenscheid, Bewegte Zeiten – Die 50er Jahre

Björdis Derksen, Wattenscheid

Wattenscheider Zeitung im Stadtarchiv Bochum 1886, 1896, 1907, 1919, 1924, 1930, 1937

Adressbuch der Stadt Wattenscheid 1910

Stadtarchiv Bochum Akte A WAT 50 und Festschrift „Schulte Kemna 1875–1975"

Vereinszeitschrift des Heimat- & Bürgervereins Wattenscheid Juni 2001, Heft 2

Kupitz, Rauwerda, Wattenscheider Zechen und Bergleute

Ludwig Schönefeld, Die Kommunale, 1985

Eduard Schulte, Kirchengeschichte Wattenscheids 1821–1945

Märkischer Sprecher 23. Januar 1864 Stadtarchiv Bochum

Festschrift 100 Jahre Krankenhaus St. Marien Hospital Wattenscheid

Gerd Kretschmann – unveröffentlichter Bericht.

Sämtliche alten Ansichtskarten aus Privatsammlung Rudolf Wantoch

Titel: Postkarte um 1900
Rücktitel: August-Bebel-Platz im Umbau, 1973. (Paul Wantoch)

Die zum Teil geminderte Wiedergabe der Abbildungen ist bedingt durch den
Erhaltungszustand der Originalvorlagen.

IMPRESSUM
© by STADT-BILD-VERLAG LEIPZIG 2004
Alle Rechte beim Verlag.
Satz, Lithos, Druck und Binden:
Leipziger Medienservice
Gerichtsweg 28 · 04103 Leipzig
Ruf: 0341-22 10 22 9
Fax: 0341-22 10 22 6
E-mail: stadtbild@t-online.de
http//www.stadt-bild.de
ISBN 3-937126-07-4